NIVEL 1

Los Koalas

Laura Marsh

NATIONAL GEOGRAPHIC

Washington, D.C.

Para Elizabeth, Madison y Kaitlin —L.F.M.

Publicado por National Geographic Partners, LLC, Washington, D.C. 20036.

Damos gracias a Deborah Tabart, OAM, CEO de la Fundación Australiana del Koala; Susan Kelly, Directora, Global Briefing; y el hospital del Koala en Port Macquarie, NSW, Australia.

Diseñado por Gustavo Tello

Créditos Fotográficos
Tapa, AP Images; encabezamiento, arzawen/Shutterstock; arte de vocabulario, Teguh Mujiono/Shutterstock; 1, Kitch Bain/Shutterstock; 2, Gerry Pearce/Alamy; 4–5, Image100/Jupiter Images/Corbis; 6, Anne Keiser/National Geographic Image Collection; 7, NG Maps; 8, Pete Oxford/Minden Pictures; 9, Yva Momatiuk & John Eastcott/Minden Pictures; 10, Theo Allofs/Minden Pictures; 11, Eric Isselée/Shutterstock; 12, Clearviewimages RM/Alamy; 13, Esther Beaton/Taxi/Getty Images; 14–15, Daniel J Cox/Oxford Scientific RM/Getty Images; 16, Robert Harding World Imagery/Getty Images; 17, surabhi25/Shutterstock; 18 (arriba, izquierda), manwithacamera/Alamy; 18 (arriba, derecha), LianeM/Shutterstock; 18 (abajo), Flickr RF/Getty Images; 19 (arriba), Robin Smith/Getty Images; 19 (centro), Kitch Bain/Shutterstock; 19 (abajo), AnthonyRosenberg/iStockphoto; 20 (izquierda), D. Parer & E. Parer-Cook/Minden Pictures; 20 (derecha), Diana Taliun/Shutterstock; 21, Bruce Lichtenberger/Peter Arnold/Getty Images; 22, Flickr RF/Getty Images; 23, shane partridge/Alamy; 24–25, Neil Ennis/Flickr RF/Getty Images; 26, Susan Kelly/Global Breifing/koalahospital; 27 (arriba), Joel Sartore/National Geographic Image Collection; 27 (centro), Susan Kelly/Global Breifing/koalahospital; 27 (abajo), Joel Sartore/National Geographic Image Collection; 28, Scott E Barbour/Getty Images; 29, Courtesy of Thiess Pty Ltd; 30 (izquierda), Bruce Lichtenberger/Peter Arnold/Getty Images; 30 (derecha), Image100/Jupiter Images/Corbis; 31 (arriba, izquierda), Kevin Autret/Shutterstock; 31 (arriba, derecha), Ventura/Shutterstock; 31 (abajo, izquierda), Sam Yeh/AFP/Getty Images; 31 (abajo, derecha), roundstripe/Shutterstock; 32 (arriba, izquierda), Gerry Ellis/Digital Vision; 32 (arriba, derecha), tratong/Shutterstock; 32 (abajo, izquierda), K.A.Willis/Shutterstock; 32 (abajo, derecha), Markus Gann/Shutterstock

Libro en rústica ISBN: 978-1-4263-7741-9
Encuadernación de biblioteca reforzada ISBN: 978-1-4263-7742-6

Impreso en los Estados Unidos de América
24/WOR/1

Tabla de contenidos

¿Quién soy?

Los árboles
son mi casita.
Las hojas son
mi comida.
Tengo la nariz
oscura. Tengo
orejitas peludas.
Tengo garras en los
pies. Y nunca con
prisa me ves …

¿Quién soy?
¡Un koala!

¿Dónde viven los koalas?

OCÉANO PACÍFICO

Los koalas viven en un país llamado Australia. Viven en bosques y zonas arboladas. Viven en las montañas y en la costa.

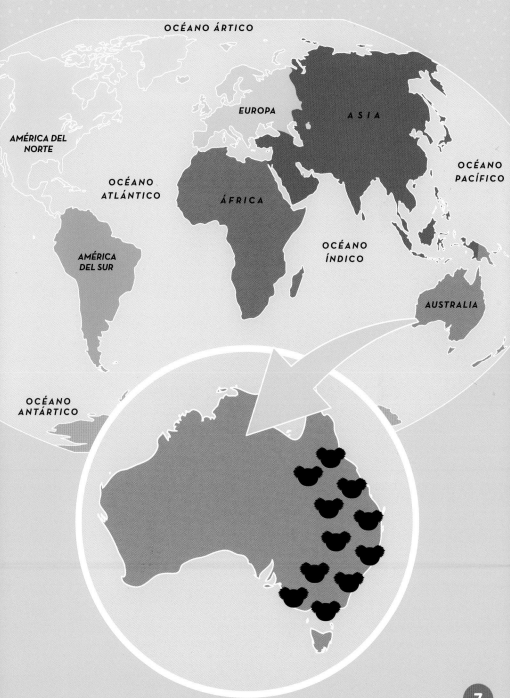

OCÉANO ÁRTICO

EUROPA

ASIA

AMÉRICA DEL NORTE

OCÉANO PACÍFICO

OCÉANO ATLÁNTICO

ÁFRICA

OCÉANO ÍNDICO

AMÉRICA DEL SUR

AUSTRALIA

OCÉANO ANTÁRTICO

Animales con bolsa

Los koalas se parecen un poco a los osos de peluche. Pero no son osos.

Los koalas son marsupiales, que son un tipo de mamífero. Llevan a sus bebés en una bolsa. El canguro y el wómbat también son marsupiales.

bebé en la bolsa

wómbat

VOCABULARIO

MAMÍFERO: Animal que alimenta a sus bebés con leche. Tiene columna vertebral y sangre caliente.

MARSUPIAL: Mamífero que lleva a sus bebés en una bolsa

canguros

Nacidos para trepar

El cuerpo de los koalas es perfecto para vivir en los árboles.

Su pelaje es mas denso alrededor de la cola. ¡Tiene su propio cojín para sentarse!

Tiene brazos largos para abrazar el tronco o las ramas de los árboles.

Tiene piernas fuertes para trepar y bajar por el tronco.

Sus patas tienen almohadillas que evitan que se deslice.

Sus patas delanteras con dos pulgares y tres dedos le permiten agarrarse de las ramas.

Sus garras largas y afiladas se clavan en troncos y ramas.

La vida en los árboles

Los koalas son buenos para trepar. Pasan la mayor parte del tiempo en los árboles. Ese es su hábitat.

Los koalas son lentos y dormilones. Duermen hasta 18 horas al día.

Los koalas también duermen en los árboles. Se duermen en lugares curiosos. ¿Tú podrías dormir así?

VOCABULARIO

HÁBITAT: Hogar natural de un animal

El koala vive en un área pequeña de su hábitat. En ella hay unos 100 árboles. Ese es su territorio.

Los koalas machos tienen una glándula de olor en el pecho. La frotan contra los árboles.

glándula
de olor

Así les avisan a otros koalas que se alejen de su territorio.

Apetitos exigentes

Los koalas comen muchas hojas de eucalipto. Pero solo comen las hojas de algunos tipos de árboles de eucalipto.

Para alimentarse bien, pasan hasta cinco horas al día comiendo. Los koalas se pasan el día comiendo y durmiendo.

hojas de eucalipto

6 DATOS GENIALES
sobre los koalas

1 Los koalas **pueden saltar** de un árbol a otro.

2

Los koalas **casi nunca beben agua.** Obtienen la mayor parte del **agua que necesitan** de las hojas que comen.

3

El pelaje de los koalas **los protege** del calor, del **frío** y de la **lluvia.**

4

Los koalas son **muy activos durante la noche.** ¡Les gusta merendar de noche!

5

Los koalas tienen **huellas dactilares,** igual que nosotros.

6

Las hojas de eucalipto **huelen igual** que las **pastillas para la tos.** ¡Y los koalas tienen el mismo olor!

Los koalas bebés

Los bebés del koala nacen sin pelo. También nacen ciegos.

El bebé se queda en la bolsa de su mamá durante seis meses. Bebe leche y crece cada vez más.

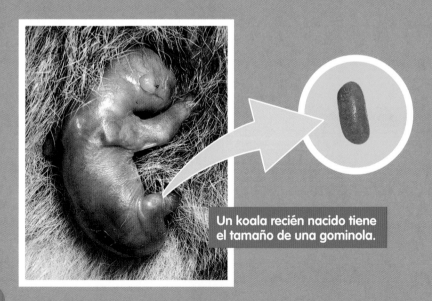

Un koala recién nacido tiene el tamaño de una gominola.

El bebé se asoma
desde la bolsa de
su mamá.

Con tiempo, el bebé sale de la bolsa. La mamá lo lleva colgado del pecho o en la espalda.

El koala bebé aprende a trepar y a agarrarse para vivir seguro en los árboles.

En peligro

Los koalas necesitan territorios con árboles. Pero los seres humanos cortan árboles para crear granjas, hacer caminos y construir edificios. Hay menos espacio para los koalas. Los koalas están en peligro.

Los koalas también sufren accidentes. Son atropellados por carros o atacados por perros domésticos.

Hoy los koalas y los
seres humanos tienen
que compartir
algunos espacios.

Ayudar a los koalas

Esta ambulancia transporta a un koala atropellado por un carro. Lo lleva al hospital para koalas de Port Macquarie, en Nueva Gales del Sur, Australia.

Por suerte, hay hospitales especiales para koalas. Los médicos y enfermeros curan a los koalas enfermos o heridos.

Este koala se lastimó los brazos. El yeso le ayuda a sanar.

Los hospitales para koalas cuidan a miles de koalas cada año.

Aqui pesan a un koala.

Las trabajadoras del hospital cuidan a los koalas con amor.

Hay otras formas de ayudar a los koalas. Hay señales en las calles que les avisan a los conductores que manejen con cuidado cuando hay koalas cerca.

Los túneles y puentes ayudan a los koalas a cruzar la carretera. Pero los koalas no siempre saben por dónde es seguro cruzar.

Este koala cruza por un túnel debajo de una carretera.

La mejor
manera de
proteger a los koalas
es salvar los árboles de eucalipto.
Los árboles son hogares para
los koalas.

Y eso, ¿qué es?

Estas fotos muestran cosas del mundo del koala muy de cerca. Usa las pistas para descubrir qué se ve en cada foto. Las respuestas están en la página 31.

1

PISTA: El marsupial lleva ahí a su bebé.

2

PISTA: Tú tienes dos, pero las tuyas no son peludas.

Banco de palabras

hojas   garras   bolsa   árboles   koala bebé   orejas

3

PISTA: Esta es la comida favorita del koala.

4

PISTA: El koala las usa para trepar.

5

PISTA: Vive en una bolsa después de nacer.

6

PISTA: El koala pasa aquí la mayor parte del tiempo.

Respuestas: 1. bolsa; 2. orejas; 3. hojas; 4. garras; 5. koala bebé; 6. árboles.

GLOSARIO

HÁBITAT: Hogar natural de un animal

MAMÍFERO: Animal que alimenta a sus bebés con leche. Tiene columna vertebral y sangre caliente.

MARSUPIAL: Mamífero que lleva a sus bebés en una bolsa

TERRITORIO: Área donde vive, come y transita un animal o grupo de animales